ZEICHNEN LERNEN

101

ALLES

NAIMA PRESS

DIESES BUCH GEHÖRT

101 *Alles*

Anleitung zur Verwendung dieses Buches:

Um das Beste aus diesem Buch herauszuholen, befolgen Sie diese Anweisungen:

1. Bereiten Sie Materialien wie Stift, Papier, Buntstifte oder andere geeignete Zeichenwerkzeuge vor. Die Auswahl der Materialien ist von Person zu Person unterschiedlich.

2. Suchen Sie sich einen ruhigen, gut beleuchteten Ort, der Konzentration und Kreativität fördert. Stellen Sie sicher, dass es die Konzentration und Vorstellungskraft fördert.

3. Akzeptieren Sie die Bedeutung einer ruhigen und friedlichen Umgebung für ein optimales Zeichenerlebnis.

4. Lassen Sie Ihrer Fantasie freien Lauf und lassen Sie Ihrer Kreativität während des gesamten Prozesses freien Lauf.

5. Fühlen Sie sich frei, die Grafiken mit jedem Element zu ergänzen, das Sie für richtig halten.

6. Beginnen Sie damit, die Schritte sorgfältig zu befolgen und stellen Sie sicher, dass Sie jeden Schritt zeichnen.

7. Sobald Sie alle Schritte abgeschlossen haben, fahren Sie mit dem Ausmalen der endgültigen Zeichnung fort.

8. Erstellen Sie Namen, die Sie ansprechen und Ihren Kreationen eine zusätzliche Bedeutungsebene verleihen.

Lasst die künstlerische Reise beginnen!

Zeichnung
Milk
Zeichnung
Zeichnung

Zeichnung
Zeichnung
Zeichnung

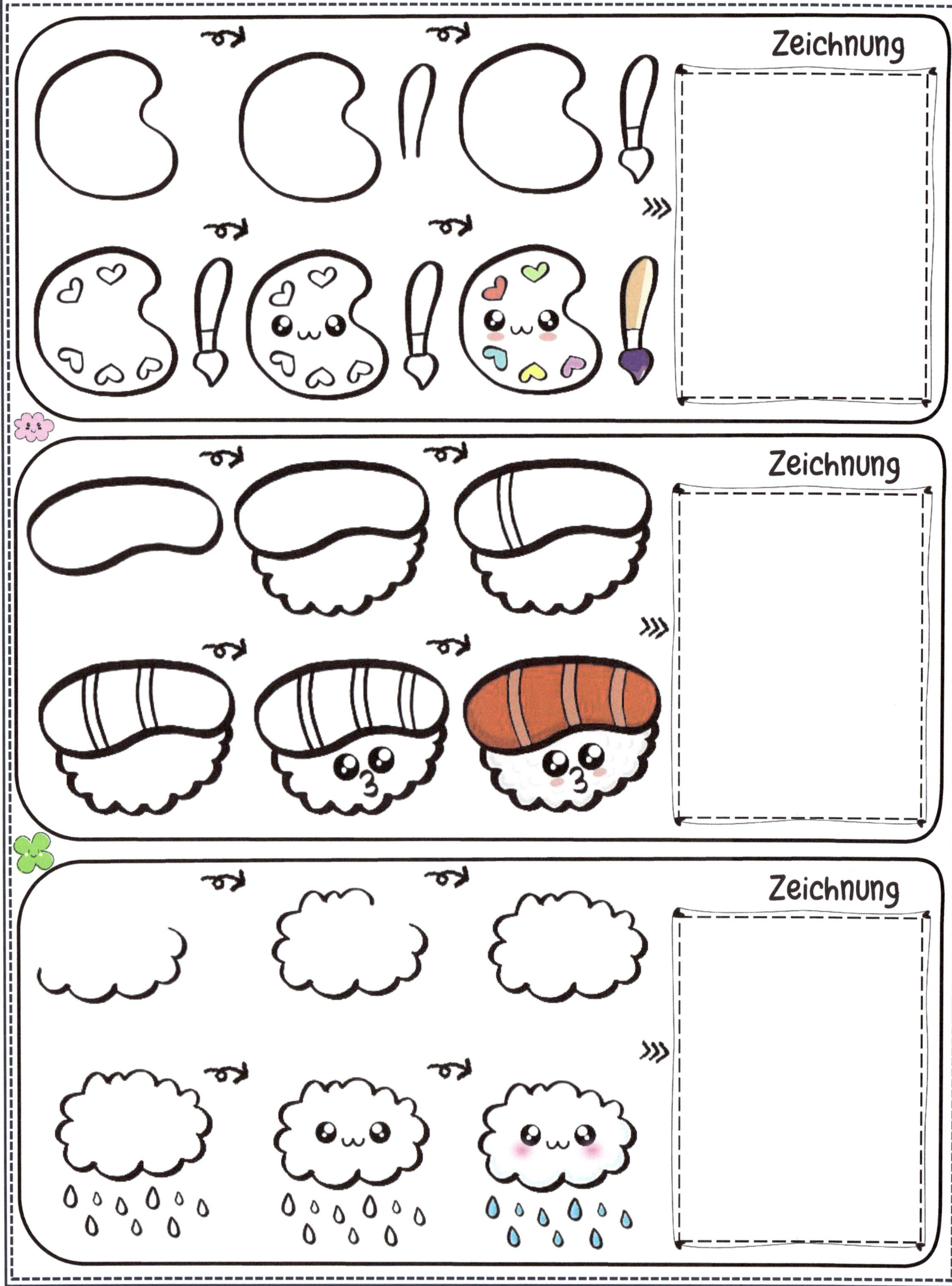

Zeichnung

Zeichnung

Zeichnung

Zeichnung
Zeichnung
Zeichnung

Zeichnung
Zeichnung
Zeichnung

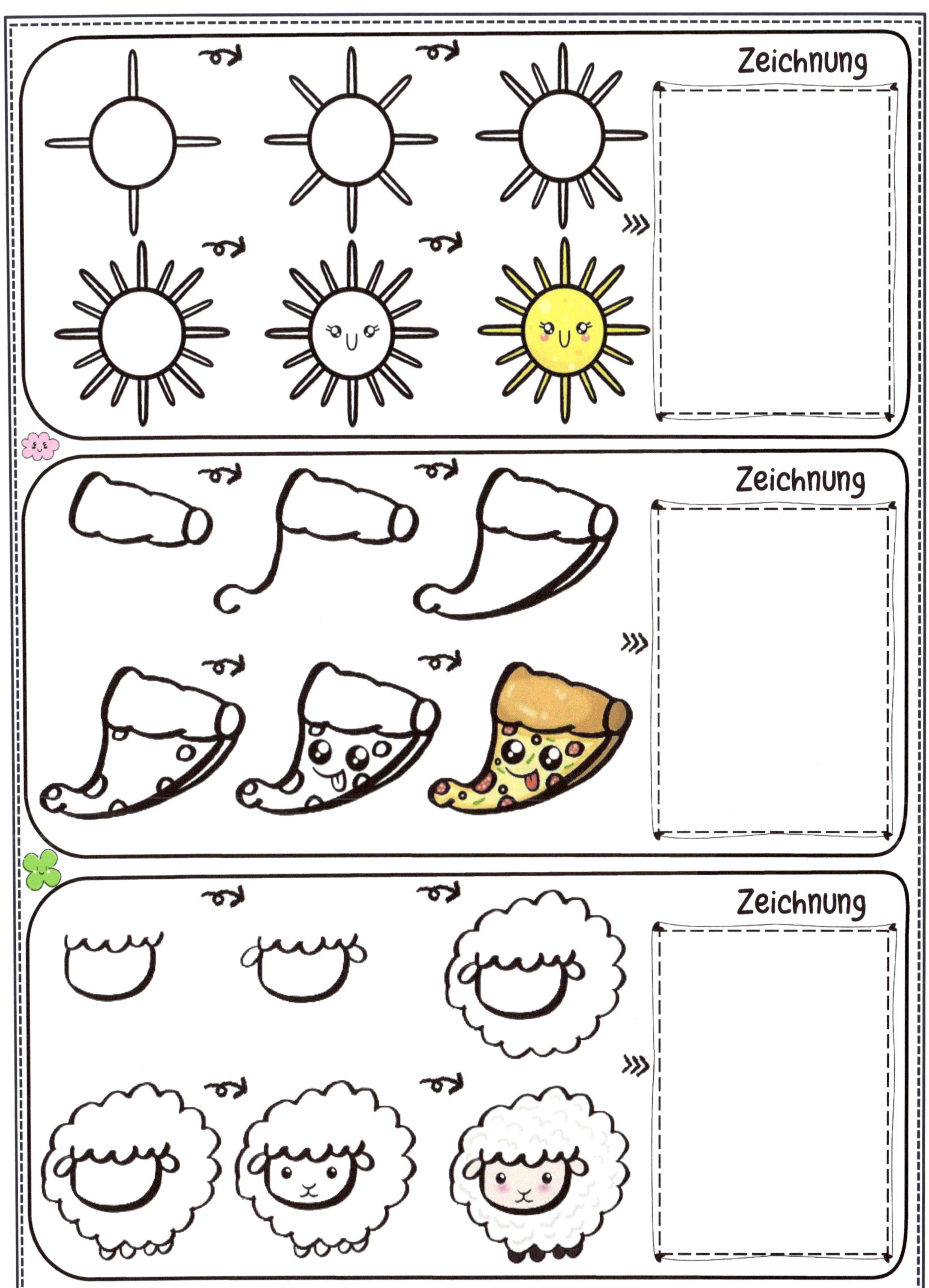
Zeichnung
Zeichnung
Zeichnung

Zeichnung
Zeichnung
Zeichnung

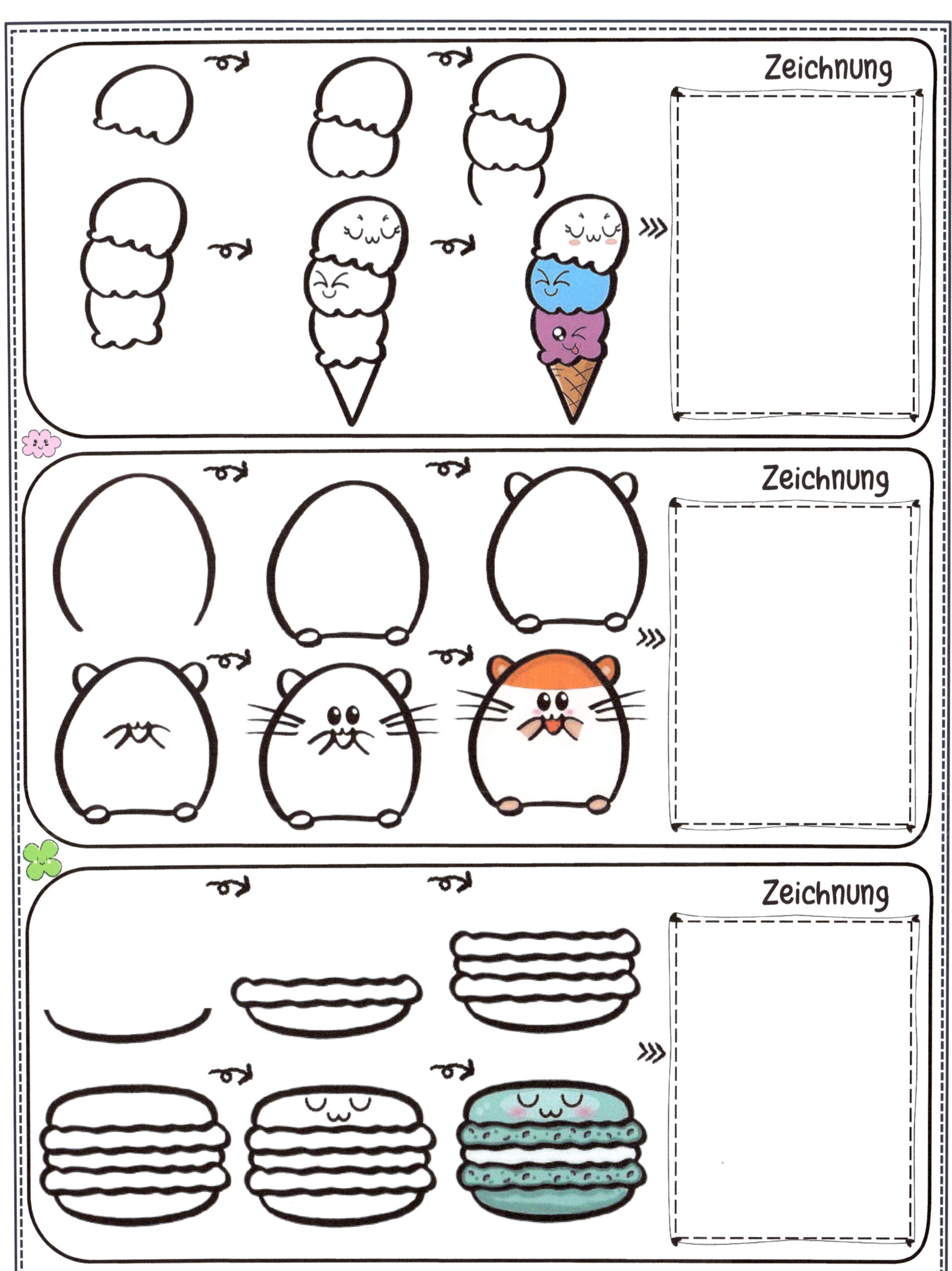
Zeichnung
Zeichnung
Zeichnung

Zeichnung

Zeichnung

Zeichnung

Zeichnung
Zeichnung
Zeichnung

Zeichnung
Zeichnung
Zeichnung

Zeichnung
Zeichnung
Zeichnung

Zeichnung
Zeichnung
Zeichnung

Zeichnung
Zeichnung
Zeichnung

Zeichnung
Zeichnung
Zeichnung

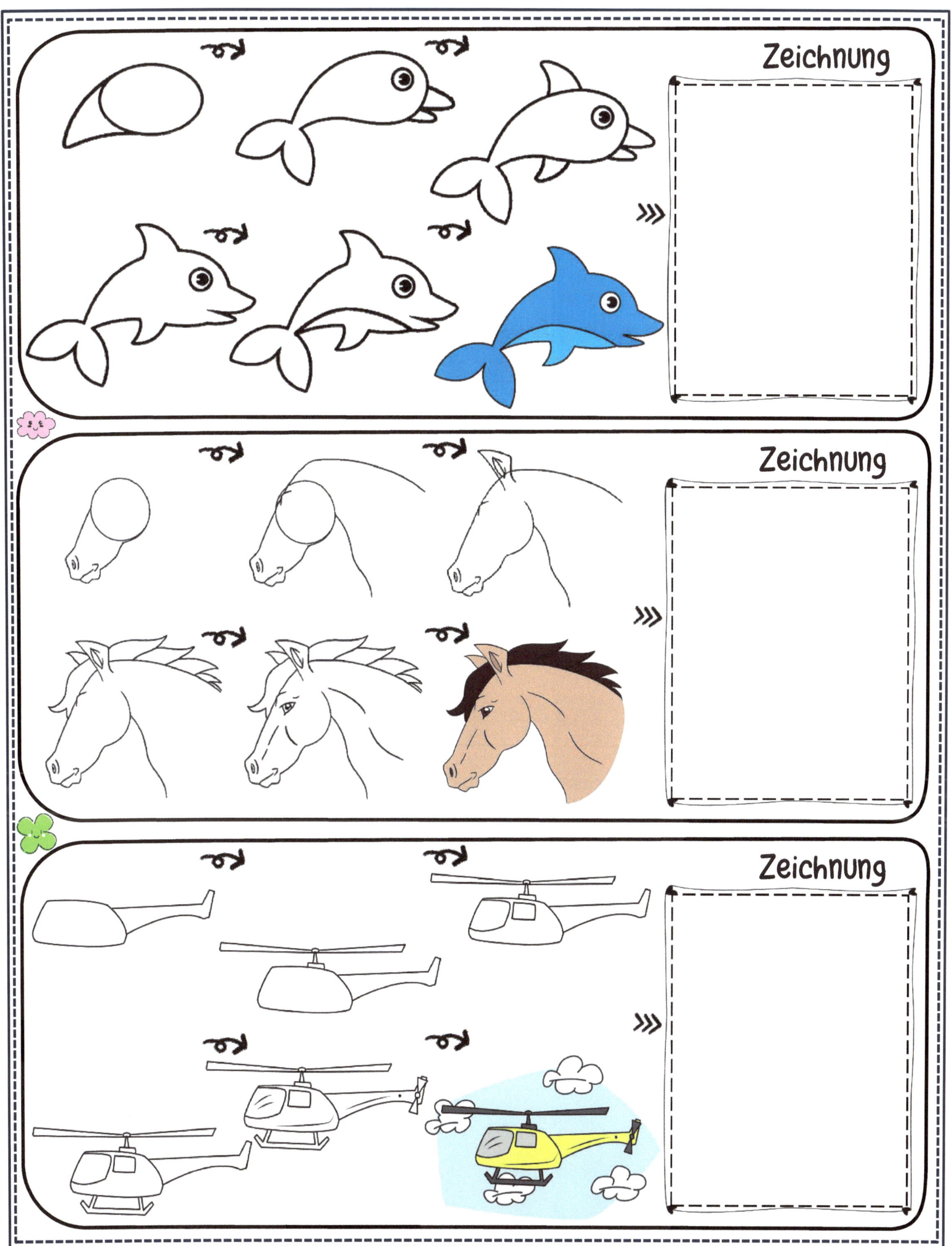
Zeichnung
Zeichnung
Zeichnung

Zeichnung
Zeichnung
Zeichnung

Zeichnung
Zeichnung
Zeichnung

Zeichnung
Zeichnung
Zeichnung

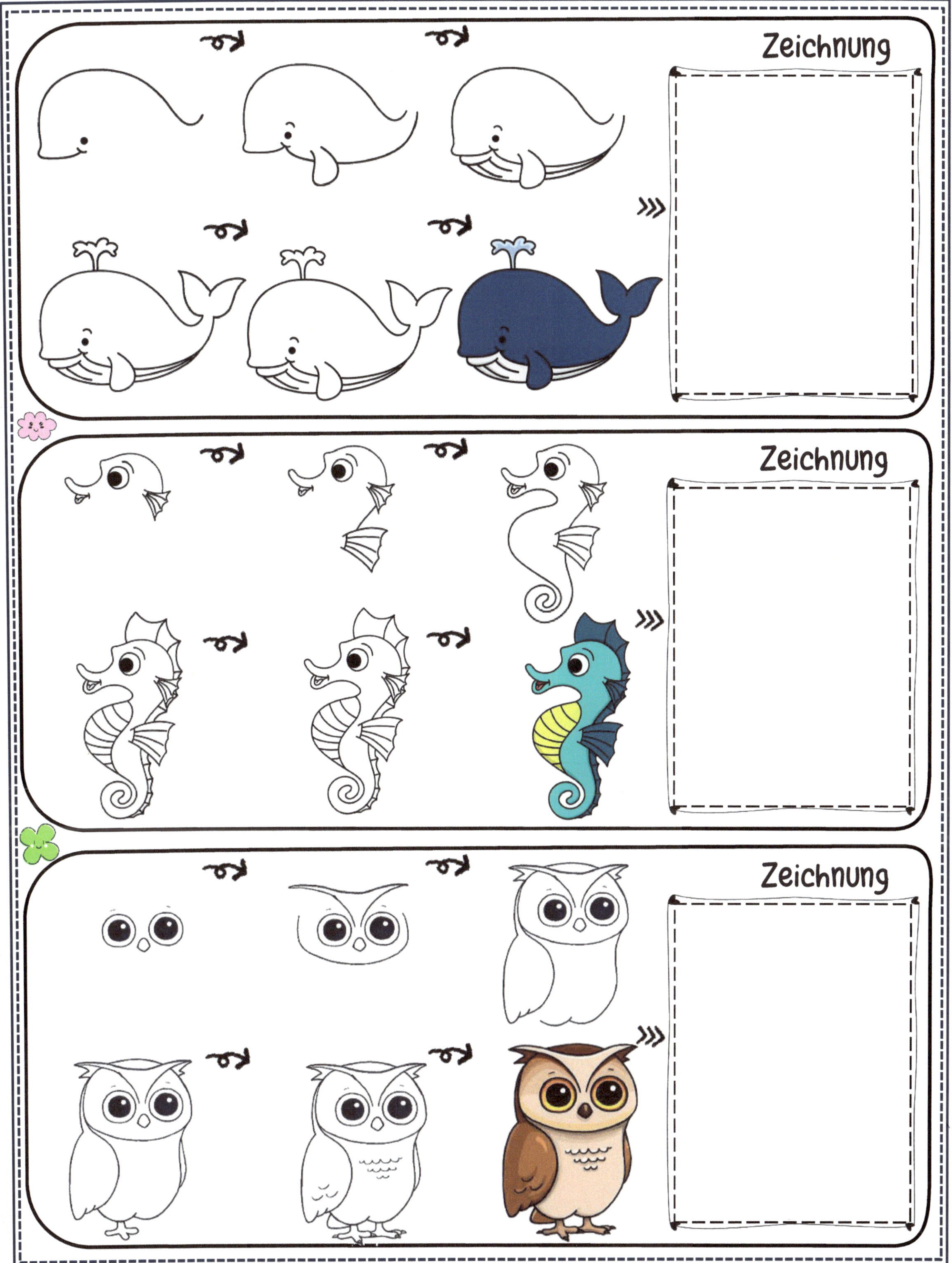

Zeichnung
Zeichnung
Zeichnung

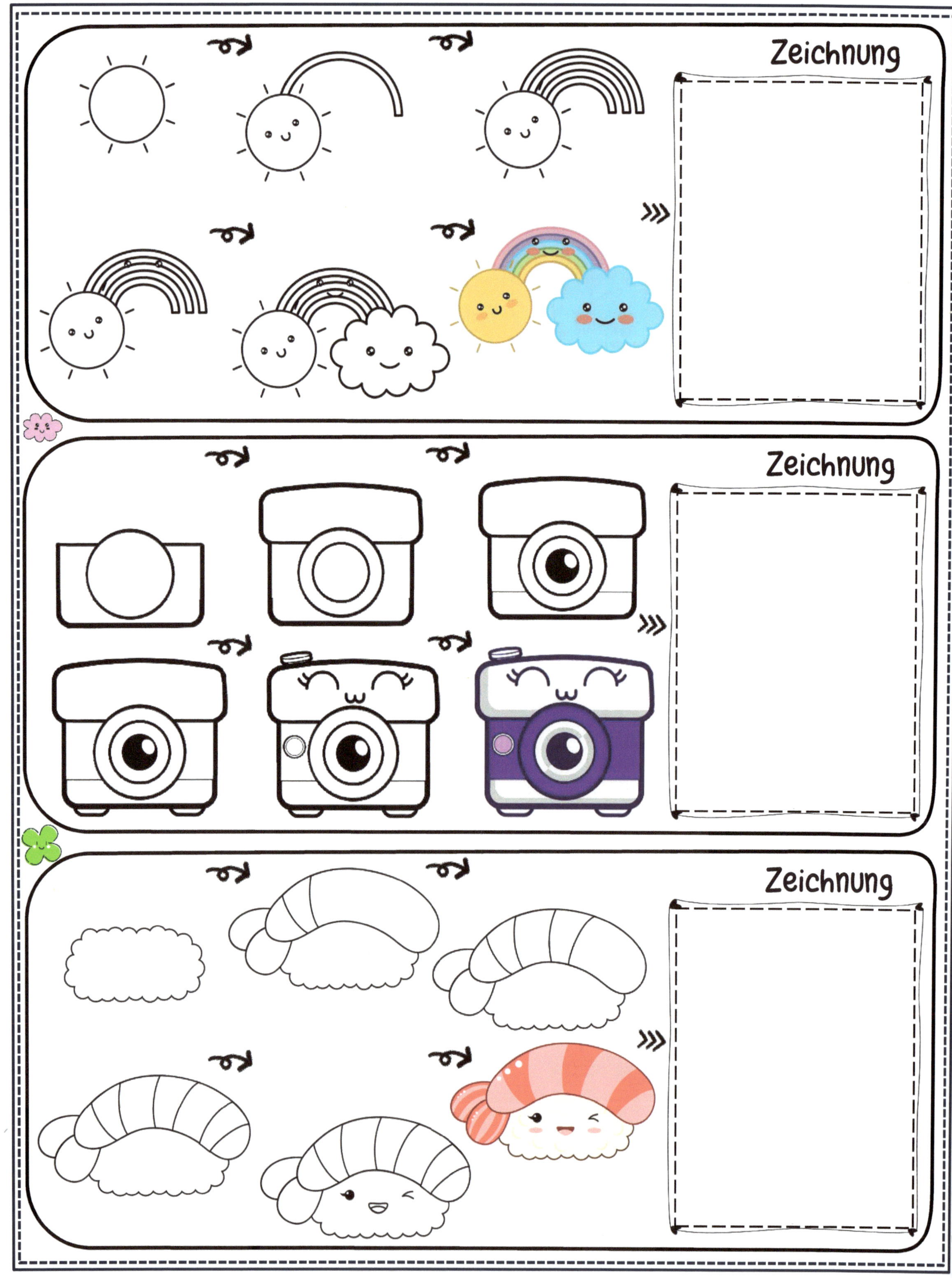
Zeichnung
Zeichnung
Zeichnung

Zeichnung
Zeichnung
Zeichnung

Zeichnung
Zeichnung
Zeichnung

Zeichnung
Zeichnung
Zeichnung

Zeichnung
Zeichnung
Zeichnung

Zeichnung
Zeichnung
Zeichnung

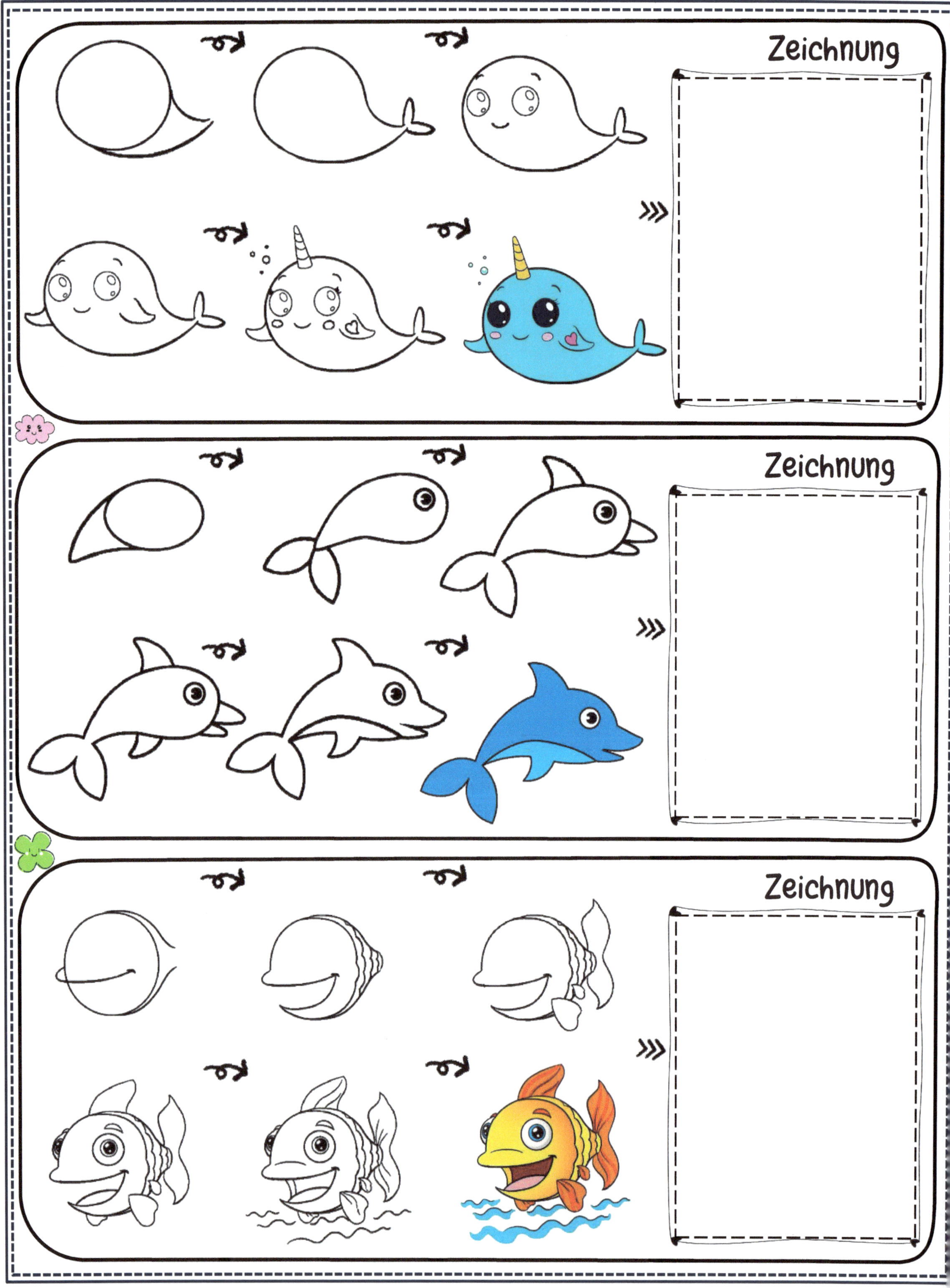

Zeichnung
Zeichnung
Zeichnung

Zeichnung
Zeichnung
Zeichnung

Zeichnung
Zeichnung
Zeichnung

Zeichnung
Zeichnung
Zeichnung

Zeichnung

Zeichnung

Zeichnung

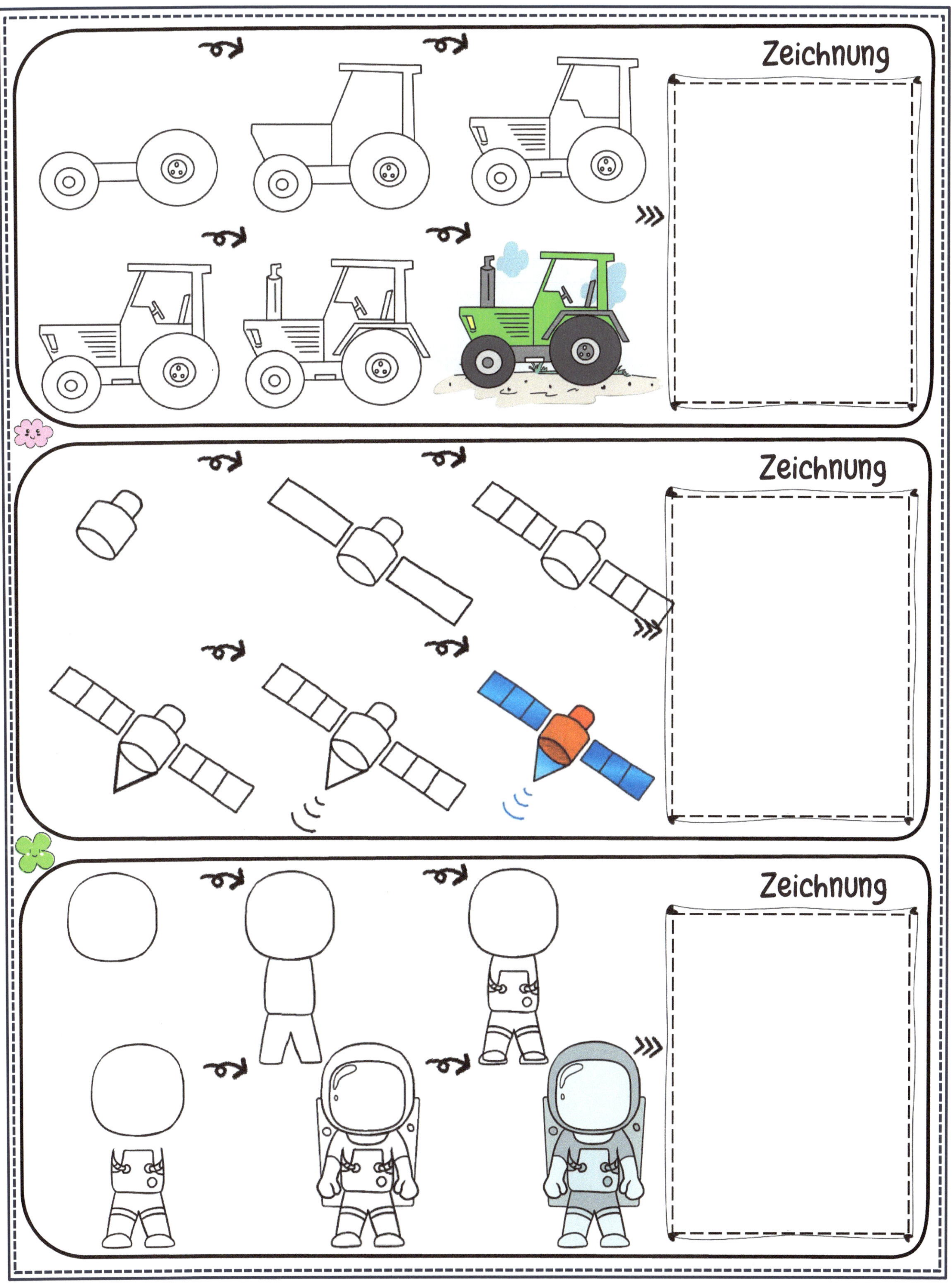
Zeichnung
Zeichnung
Zeichnung

Zeichnung
Zeichnung
Zeichnung

Zeichnung
Zeichnung

Vielen Dank für den Spaß am Zeichnen!
Vielen Dank, dass Sie sich mit uns auf diese kreative Reise begeben! Ihre Begeisterung für Kunst ist inspirierend. Ihre Unterstützung bedeutet uns sehr viel!

Teilen Sie uns Ihre Meinung auf Amazon mit:
Hat Ihnen das Buch gefallen? Ihr Feedback zu Amazon würde uns sehr viel bedeuten. Teilen Sie Ihre Gedanken in einer Rezension mit – helfen Sie anderen jungen Künstlern, die Freude am Zeichnen zu entdecken!